AF458985

DE LA PVISSANCE ECCLESIASTIQVE ET POLITIQVE.

L'Eglise est une police Monarchique, instituee à une fin supernaturelle: temperee d'un gouuernement Aristocratique, par le souuerain Pasteur des ames nostre Seigneur Jesus Christ.

A PARIS,

M. DC. XII.

DE LA PVISSANCE Ecclesiastique & Politique.

ARGVMENT.

1 *LA Iurisdiction Ecclesiastique appartient essentiellement, & en premier lieu à l'Eglise. Au Pontife Romain, & aux autres Euesques ministeriellement seulement; comme à l'œil la faculté de voir.*

2 *Iesus-Christ a conferé à l'ordre Hierarchique immediatement, & de soy les clefs, ou la Iurisdiction, par l'immediate & reelle mission de tous les Apostres & Disciples.*

3 *Definition de l'Eglise par ses causes essentielles.*

4 *S. Pierre est seulement dispensateur & chef ministeriel: Et Iesus-Christ Seigneur absolu, fondateur, chef, & fondement essentiel de l'Eglise: pourtant les arguments qui se tirent du chef ministeriel au chef essentiel, trompent d'vn dire conditionel à vn dire simple.*

5 *En l'Eglise l'estat est distingué du gouuernement: car l'estat est Monarchique, qui se raporte à l'vnité & ordre, & l'execution efficacieuse des regles & ordonnances: mais le gouuernement est*

Aristocratique, à cause du Conseil salutaire la prouidence infaillible, & les constitutions des Canons: Car l'Eglise est regie par regle & non par puissance absoluë.

6 La puissance infaillible de decerner, ou constituer des regles, appartient à toute l'Eglise, qui est la colonne & appuy de verité, non à sainct Pierre seul: ce qui se prouue par la practique de l'Eglise.

7 L'interpretation de ce texte de l'Euangile; Simon, voicy, Satan demande à vous cribler comme le blé, mais i'ay prié pour toy que ta foy ne defaille point, &c.

8 La frequente assemblee des Conciles, est simplement & absoluëment necessaire pour conduire mieux & plus sainctement l'Eglise: Et en quel cas les bulles & decretales des souuerains Pontifes sont obligatoires.

9 Iusques ou s'estend la plenitude de puissance du Pape: Et en quel cas il peut dispenser des Canons des Conciles.

10 Encores que l'Eglise ait vn chef vnique essentiel, neantmoins en ce qui concerne le gouuernement, la charge du Pape est differente de celle du Prince Politique.

11 Veu que l'Eglise n'a ny territoire, ny droit de glaiue de par Iesus-Christ, & est instituee seulement pour vne fin supernaturelle & spiri-

[illegible], elle iuge des moyens necessaire à la beatitude par persuasion seulement & direction, sans imposer peines temporelles par contrainte.

12 *Le Prince Politique, comme Seigneur de la Republique & du domaine, est defenseur & protecteur de la loy diuine, naturelle & canonique: Et pourtant peut-il à ceste fin faire loix & vser du glaiue.*

13 *Le Prince Politique, comme protecteur de l'Eglise, & defenseur des Canons, est Iuge legitime des appellations, qu'on appelle, comme d'abus: Et de là vient l'origine des libertez de l'Eglise Gallicane.*

14 *Refutation des arguments, par lesquels on attribue au Pontife Romain vne puissance absolue.*

15 *En vne assemblee d'vn Concile general, le Pape y est tenu pour chef en ce qui concerne la predication de la parole diuine, l'administration des Sacremens, & l'execution des Canons: mais non quant à la direction, & puissance correctiue sur tout le Concile.*

16 *Explication de ce Canon. Nul ne iugera le premier Siege.*

17 *La cause finale de l'Eglise, qui est la vie eternelle par vne bonne conduite. Et est demonstré que S. Pierre est par l'Eglise & pour*

l'Eglise : comme l'œil est par l'homme & pour l'homme.

18 *Ce qui se doit entendre quand on dict que l'Eglise a vne puissance indirecte sur les choses temporelles. La solution des argumens contraires.*

DE LA PVISSANCE Ecclesiastique & Politique.

C'EST vn axiome vulgaire & indubitable, que Dieu & nature designent premierement, & immediatement tout le subiect que quelque partie d'iceluy, quelque noble qu'elle soit : comme pour exemple, la faculté de voir est donnee à tout l'homme, afin qu'il s'exerçast par l'œil, comme par l'organe & ministre de l'homme : car l'œil est & subsiste par l'homme & pour l'homme ; l'Eschole de Paris, appuiee sur ce fondement infallible conformement à l'opinion de tous les autres Docteurs de l'Eglise a tousiours & constamment enseigné que Iesus-Christ fondát son Eglise a premierement immediatement & essentiellement donné les clefs ou la iurisdiction à toute l'Eglise, qu'à S. Pierre ou qui est tout vn, a conferé les clefs à toute l'Eglise pour estre exercees ministerialement par vn, attẽdu que toute la iurisdiction Ecclesiastique en premier lieu, proprement & essentiellement conuient à l'Eglise au Romain Pontife & aux autres Euesques, comme a instrumens & ministres, & pour l'execution seulement, comme à l'œil la faculté de voir : parquoy que nul ne se glorifie és hommes, car toutes choses sont à vous, c. à l'Eglise, soit Paul, soit Apolo, soit Cephates, soit le monde, soit la vie, soit les choses presentes, soit les choses à venir : car toutes choses sont à l'Eglise, & l'Eglise est à Iesus-Christ, & Iesus-Christ à Dieu. 1. *Chor.*3.

2 Or quand nostre Seigneur au Chap. 16. de l'Euangile selon S. Mathieu, par parolles de futur eut au nom de toute l'Eglise promis ainsi à S. Pierre : & Ie te donneray les clefs du Royaume des Cieux, &c. Il les confera lors actuellement à l'ordre hierarchique, quād premierement en S. Math. chap. 18. il constitue l'Eglise intendante & architectrice. Di-le à l'Eglise, &c. En second lieu par la reelle mission. Le Seigneur en ordonna aussi septante autres, & les enuoya deux à deux deuant sa face, en toute ville & lieu où il deuoit aller. Luc. ch.10. semblablement en S. Iean 6. vn peu deuant, ou bien tost apres la celebration de la Saincte Cene il prie son pere pour l'Eglise son espouse en ceste sorte. Comme tu m'as enuoyé au monde, ainsi les ay-ie enuoyé au monde,

& io

& ie me sanctifie moy mesme pour eux, afin qu'eux aussi soient sanctifiez en verité; & qu'eux tous soient vn, comme toy Pere es en moy & moy en toy, ainsi aussi ils soient vn en nous, afin que le monde croye que tu m'as enuoyé, & qu'ils soient consommez en vn, &c. Par ces paroles Iesus Christ monstre euidemment qu'il n'a pas donné l'infallible puissance des clefs a vn seul Pierre seulement, mais a l'vnité, comme le confirment S. Cyprian & S. Augustin. A cela peut-on adiouster ce qui est dit, au 20. chap. de S. Iean. Ainsi que le Pere m'a enuoyé ie vous enuoye aussi: receuez le S. Esprit, ceux à qui vous aurez remis les pechez ils leur seront remis, &c. Ainsi la vraye & reelle mission confere la Iurisdiction, selon l'Apostre. Comment prescheront ils s'ils ne sont enuoyez? Rom. 10.

24. quæst. 1. can. quodcũque can. loquitur, can. alienus.

Or Iesus-Christ a enuoyé tous les Apostres & Disciples qui se raportoient à l'ordre Episcopal & Presbyteral, immediatement, indiuiduement & collectiuement, ainsi qu'il estoit enuoyé du Pere. c. auec iuste & spirituelle authorité necessaire pour gouuerner l'Eglise. Il conste donc que tout cest ordre hierarchique, consistant en l'ordre Episcopal & Sacerdotal prend immediatement proportionement toutefois &subordinement, sa puissance & iurisdiction, c. la faculté de gouuerner l'Eglise de Iesus Christ. Comme en France les Iuges & Magistrats inferieurs, bien qu'ils dependent des Parlements: ils deriuent toutefois aussi immediatement leur authorité du Roy tres-chrestien comme les Parlements: car quels qu'ils soient ils sont ordonnez de Dieu. Rom. 13. & ils ne seroient ordonnez, si entre les Magistrats & entre les Ecclesiastiques il n'y auoit quelque degré de iurisdiction. Adioustons le tesmoignage de S. Paul Act. 20. Prenez garde à vous & a tout le troupeau auquel le S. Esprit vous a mis Euesques pour conduire l'Eglise de Dieu: laquelle doctrine S. Bernard embellit merueilleusement. Tu te trompes, dit il, si tu estimes que comme Dieu a institué la Souueraine authorité Apostolique, aussi cela t'apartient à toy seul: si tu as ceste croyance, tu n'es pas d'accord auec celuy qui dit il n'y a puissance, sinon de par Dieu: & pourtant ce qui suit, qui resiste à la puissance resiste a l'ordonnance de Dieu, bien qu'il face principalement pour toy, non toutefois particuliere-

Lib. 3. de Cōside. ad Eug. c. 10.

ment. Bref le mesme dit: toute ame soit subiecte aux puissances superieures, il ne dit pas à la superieure, comme seule, mais aux superieures, comme plusieurs: non dõc la seule puissance est de Dieu: il y en a de mediocres & d'inferieures: & comme ce que Dieu a conioint ne doit estre separé: aussi ne se doit on aproprier, ce qu'il a attribué à ceux qui nous sont adioincts: tu faicts vn monstre, si ostant vn doigt de la main tu le faicts espandre de la teste, au dessus de la main collateral au bout: Ainsi en est-il, si au corps de Iesus Christ, tu colloques les membres autrement que ne les a disposé celuy qui en son Eglise en a mis les vns Apostres, les autres Prophetes, autres Euangelistes & Pasteurs, & autres Docteurs pour l'assemblage des Saincts en l'œuure de Ministre à l'edification du corps de Iesus Christ. Le Lecteur diligent pourra voir tout le Chapitre: que s'ils obiectent que ceste puissance que Iesus-Christ par mission immediate a cõcedee à ses disciples ne regarde tant la Iurisdiction exterieure qu'interieure. On peut respondre, que tous les autres Peres de l'Eglise l'ont interpreté absoluëment de toute puissance necessaire pour le gouuernement de l'Eglise, tant interieure qu'exterieure, ausquels on doit plus adiouster de foy qu'à ces aiguës distinctions de ces nouueaux Docteurs, qu'ils inuentent à dessein, pour maintenir & estendre plus aisement leurs priuileges & missions extraordinaires au preiudice du droict commun: Ioinct que toute la souueraineté de la Iurisdiction externe est bornee en la faculté d'excommunier, laquelle nous monstrerons auoir esté commise immediatement par Iesus-Christ à l'Eglise. Peut-estre repliqueront-ils que ceste puissance de Iurisdiction a bien esté instituee du commencement, & conferee à l'Eglise par Iesus-Christ, mais à ceste condition que par apres elle seroit accruë & augmentee par les Romains Pontifes successeurs de S. Pierre, & communiquee aux autres Euesques, d'où se tire & deriue auiourd'huy toute ceste autorité. A celà peut-on respondre: Que nous aprenons par la practique de la primitiue Eglise, & par les sacrez canons, que les collations des benefices, comme ils les appellent auiourd'huy ont esté par l'espace de 1400. ans de droict commun, c. dependoyent des sainctes Elections. Et en voicy la raison, pource que toute principauté, touchant la force coactiue depend du consentement des hõmes: comme le confirment la loy diuine & naturelle, que ny le laps de temps, ny les priuileges des lieux, ny les dignitez des personnes n'ont peu prescrire. Ce fondement posé nous en ramassons ces principes suiuans directement & necessairement.

3 Le premier nous ouurira la definition de l'Eglise: L'Eglise est vne police Monarchique, instituee pour vne fin supernaturelle & spirituelle, conduite d'vn gouuernement Aristocratique par le souuerain Pasteur des ames nostre Seigneur, qui est Roy, Monarque, Seigneur absolu, fondateur, pierre angulaire, & chef essentiel de l'Eglise, qui a vn Empire absolu, ou purement monarchique sur icelle; lequel encores que par sa toute-puissance & vertu infinie, sans le scandale de la croix il eust peu sauuer les hõmes, neantmoins pour confondre & destruire la puissance, le fast, l'orgueil & sapience du monde, & pour enseigner ses Ministres a estre humbles à son exemple, il a voulu sauuer les croyans par la folie de la predication, afin que nulle chair ne se glorifiast en sa presence. 1. Cor. 1.

De là nous inferons cest article de foy.

Ie croy vne saincte Eglise Catholique estre d'vne verité eternelle : pource que tant que durera l'Euangile Iesus-Christ ne peut faire diuorce auec l'Eglise son espouse ; ce que l'on ne doit soustenir du chef ministeriel le Pontife Romain, lequel nous voyons estre present & absent, au moins pour quelque temps, sans que l'Eglise defaille : Car il est tout notoire que le siege Apostolique a vaqué quelquefois trois, quelquefois sept ans : aussi que le commandement d'auoir vn Pontife est affirmatif, & non negatif.

4 Le second principe enseigne que S. Pierre est seulement dispensateur & chef ministeriel, non Seigneur ou fondateur de l'Eglise : car celà appartient à vn seul Iesus-Christ chef essentiel, par lequel & pour lequel subsiste l'Eglise. Pour ceste cause il parle ainsi à Pierre. S. Math. 16. Tu es Pierre, & sur ceste pierre i'edifieray mō Eglise, & les portes d'enfer ne preuaudront contr'elle. Oyez-vous ? Il ne dict pas ton Eglise, ou les portes d'enfer ne preuaudront cōtre toy. Semblablement au 21. de S. Iean. Pais mes brebis, pais mes agneaux ; il ne dict pas, tes brebis, tes agneaux, pour monstrer que les Ecclesiastiques sont appelez à vne pure & simple-

dispensation ou administration, non à quelque gouuernement temporel, ou à quelque principauté purement & absoluëment monarchique. Les Rois des nations les maistrisent, or il n'en sera pas ainsi de vous, disoit Iesus-Christ à ses disciples. Luc 22. Et S. Pierre en sa premiere chap. 5. Paissez le troupeau de Iesus-Christ qui vous est commis, en ayant esgard sur iceluy, non point par contrainte, mais volontairement, non point par gain deshonneste, mais d'vn franc courage: & non point cõme ayant seigneurie sur les heritages du Seigneur, mais tellement que soyez exemple du troupeau: Lesquels passages S. Bernard explique ainsi. Oses-tu bien toy qui seigneurie t'vsurper l'Apostolat? ou toy qui fais office d'Apostre la seigneurie? L'vn ou l'autre t'est du tout defendu, si tu les yeux auoir ensemble, tu perdras l'vn & l'autre. La domination est interdicte à la charge Apostolique. Le seruice luy est enioint à l'exemple du Legislateur. Ie suis au milieu des bons, comme celuy qui ministre, &c. Par ceste correction S. Pierre, & S. Bernard nous mettent deuant les yeux la forme d'vn gouuernement Aristocratique dont nous parlerons cy-apres. Ie n'i-

2. Ad Eug. cap. 5.

gnore pas que les nouueaux pour curieux defendre leurs priuileges, ne mettent en auant que nostre Seigneur par ces mots, Pais mes brebis, a conferé à vn seul S. Pierre toute la Iurisdiction Ecclesiastique, pour la distribuer puis apres à qui bon luy sembleroit selon sa volonté: mais ils sont tellement confondus par les oracles de l'Escriture Saincte, par les escrits de tous les autres Docteurs, & par la practique de l'ancienne Eglise, que c'est merueille comment ils osent contrarier choses si absurdes: Attendu que ce diuin cōmandement, pais mes brebis, &c. donne la premiere & entiere faculté à S. Pierre chef ministerial de mettre à execution, la loy diuine, naturelle & canonique. suiuant les reigles du temperament Aristocratique, dōt nous parlerōs cy-apres, ce qu'estant ainsi posé demeure la solution aisee de tels & semblables arguments. S. Pierre est S. Pierre, fondement & chef de l'Eglise: doncques sans luy l'Eglise est destruite: comme vn corps sans teste, vn ruisseau sans source, vn rayon sans soleil, vn Sarment sans souche, vn rameau enté du tronc se pert & se seiche: doncaussi l'Eglise ne peut subsister sans Pape, comme si le Pontife [illegible] est essentiel & premier [illegible], & l'autre le second & ministe-[illegible] le commandement d'auoir [illegible] comme parlent les scholasti-[illegible] ailleurs & non pour tous-[illegible]

[illegible] mesme principe distingue l'estat [illegible] de son gouuernement, car son [illegible] est Monarchique, soit pour l'ordre qu'il rapporte à l'vnité, soit pour l'execu-tion des Canons qui depend du Pontife Romain comme chef ministeriel: mais l'administration est Aristocratique, pour la [illegible] prudence, le Conseil plein [illegible], & les constitutions des mesmes Canons : C'est pourquoy nous auons dit cy dessus, Que les clefs ont esté données à toute l'Eglise pour estre exercées par vn. Et certes le Seigneur a voulu que l'E-glise son espouse fust regie par regle & cō-seil, & que les Romains Pontifes, & les [illegible] ne decernassent chose [illegible] de consequence de leur teste, ou [illegible] aduis d'vne populace, mais qu'ils as-semblassent souuent & consultassent le [illegible] Aristocratique de l'Eglise. Et pour [illegible]on nous lisons qu'il a esté arresté [illegible] anciens Peres que les Cōciles pro-[illegible] fussent assemblez tous les ans deux fois. Et tel raport qu'il y a du Concile œcumenique au Pontife Romain, tel aussi des Synodes particuliers à leurs Euesques, pource qu'il faut que les Eglises particulieres soyent regies par leurs propres Euesques, suiuant la mesme regle, & non d'vne puissance absoluë : Mais ce que nous appelons Senat ou Conseil naturel de l'Eglise institué par le Seigneur, n'est seulement cõposé des Euesques, mais aussi de tous Prestres ayans charge d'ames : ceux-là ayans succedé aux Apostres, & ceux-cy aux 70. disciples : car jadis les Prestres gouuernoient en commun l'Eglise, tesmoin sainct Hierosme.

Dist. 68. can. Chorepiscopi. 16. quest. 1. can. Ecclesiæ. & dist. 23. can. presbyter.

6 Le quatriesme principe nous monstre, que la puissance infallible de faire & decreter canons est par deuers toute l'Eglise, ou le Concile general la representant : en quoy consiste principalement le gouuernement Aristocratique : & celà se juge en partie par inspiration diuine, partie par la lumiere naturelle : veu que plusieurs yeux voyent plus loing & aperçoiuent mieux qu'vn seul : & il n'a esté concedé de Dieu ou de Nature à vn seul d'estre sage, de peur qu'il ne s'en esleuast : en apres le corps & l'Eglise n'est point

vn membre, mais plusieurs: si tout le corps est œil, où sera l'ouye? 1. Cor. 12 & 14. l'esprit des Prophetes est subiect aux Prophetes. c. a l'Eglise. & il y a vn seul Euesché, duquel chascun possede vne partie solidement, & pourtant ce qui touche à tous, il est necessaire qu'il soit approuué de tous: attendu mesmes que tout Pontife pris d'entre les hommes, est enuironné d'infirmité, & pourtant peut tromper & estre trompé, s'il ne suit le Conseil de l'Eglise colomne & appui de verité. Aussi nostre Seigneur montant au Ciel promet l'esprit de verité non à vn seul S. Pierre, mais à l'Eglise. Ie prieray mon Pere, & il vous donnera vn autre consolateur, pour demeurer auec vous à tousiours l'esprit de verité, S. Jean 14. Item en S. Math. 18. il constitue l'Eglise intendante & architectrice par l'erection d'vn tribunal infallible, enseignant ainsi S. Pierre qui desiroit sçauoir de luy, combien de fois il pardonneroit à son frere qu'il l'auroit offensé. Si ton frere a peché contre toy, va & le repren entre toy & luy seul, &c. s'il n'escoute l'Eglise, qu'il te soit cõme Ethnique ou Paien. En verité: ie vous dy que tout ce que vous aurez, lié sur la terre sera lié au ciel, &c. Ie

24. Quæst. 1. Can. loquitur.

vous dy derechef que si deux d'entre vous s'accordent en terre de toute chose qu'ils auront demandée, elle leur sera octroyée par mon Pere qui est és cieux: car où deux ou trois seront assemblez en mon nom, ie seray là au milieu d'eux: par ce discours nous aprenons que Iesus-Christ a donné immediatement à l'ordre hierarchique qu'il designe icy par l'eglise, la faculté d'excommunier: car comme le nombre de dix comprend euidemment, & par ces causes tous les nombres, ainsi ceste façon de parler, Di-le à l'Eglise, euidemment & par ces causes la plenitude de puissance Ecclesiastique, auec tout superieur Ecclesiastique qui a quelque iurisdiction, soit Curé, soit Euesque, ou Pape, ou Concile general, auquel toutes controuerses sont terminées; comme en vn tribunal qui a plenitude de puissance, & iuge en dernier ressort: Et nostre Seigneur s'explique, car si tost qu'il eut proferé cest oracle, Di-le à l'Eglise, il adiouste à l'instant au pluriel, Ie vous dy en verité, que tout ce que vous aurez lié sur terre, &c. D'où il appert que l'Eglise ne prend là proprement & formellement pour vn seul homme, mais pour plusieurs assemblez en vn; Et pourtant le Seigneur

[illegible] son discours, il octroye à l'E-
glise de s'assembler en Concile, & de decerner infalliblement. Ie vous dy derechef que si deux d'entre vous s'accordent
en terre, &c. Car là où deux ou trois seront assemblez en mon nom, ie seray au
milieu d'eux. Et ne faut laisser passer que
Iesus Christ en ce passage designe vn
Concile Aristocratique diuinement institué, non oligarchique humainement
assemblé, ayant exprimé vn nombre cer-
tain pour l'incertain, & le moindre de
tous les nombres, pour oster aux conten-
tieux tout subiet de debatre, & monstrer
que pour establir vn iuste gouuernement
de l'Eglise est requis le consentement &
accord de deux, ou trois au moins, &
nō d'vn seul Pontife Romain seulement.
Certes de quelque costé que se tournent
les aduersaires il faut qu'ils confessent que
ces paroles, vn deux ou trois seront assemblez en mon nom, excluent necessairement l'absolue & infallible authorité
d'vn seul Pape, & demonstrent que l'E-
glise ne peut estre obligee contre son gré
sans son consentement & à son desceu: ce
qui accorde en tout & partout à la loy de
nature. Et est confirmé d'abondant par la
pratique de l'ancienne Eglise: car le Con-

cile de Hierusalem fut ainsi conclud, par le consentement & opinion de tous les Apostres & anciens. Il a semblé au S. Esprit & à nous: Act. 15. és siecles suiuans les Peres de l'Eglise d'Afrique entre lesquels estoit sainct Augustin escriuent à Celestin 1. Pontife Romain. Qu'il n'estoit pas croiable que Dieu eust inspiré à qui que soit la Iustice d'inquisition, & l'eust denié à tant de personnes assemblez en Concile: La sentence du Pape Zosyme sert à ce propos, qui se recognoist apertement inferieur au Concile, respondant aux Euesques de France, que l'autorité du siege Apostolique, ne pouuoit deroger aux decrets des Conciles. L'autorité mesme de ce siege ne peut rien faire ny chãger cõtre les statuts des Peres: car l'antiquité a pris viues racines en mont, à laquelle les decrets des Peres ont decerné vne reuerence. A cecy s'accorde la responce de Gregoire le Grand, qui confesse auoir eu tel honneur, les 4. Conciles generaux, que les 4. liures du S. Euãgile, pource qu'estans ordonnez d'vn consentement vniuersel, quiconque presume de delier ceux qu'ils lient, ou lier ceux qu'ils absoluent se destruit & non iceux. Certes qui fueilletera les actes des Conciles ge-

25. quæst. 1. can. contra.

Dist. 15. can. decreto sancti.

neraux, verra aisement que le Pontife Romain es synodes generaux ne faict les decrets de la foy Cath. mais qu'il les collige & conclud par l'induction & consentement vniuersel de toutes les Eglises particulieres. Qui est vne trescertaine & tres-euidente demonstration du gouuernement Aristocratique confirmé par quelques canons.

Can. Maiores 24. quæst. 1.

7. Quelqu'vn peut-estre, obiectera que Iesus-Christ au 22. de S. Luc, prie pour Pierre, que sa foy ne defaille point, & d'abondant luy enioint de confirmer ses freres. On respond au premier, que ceste promesse de Iesus-Christ, selon le sens literal de l'Escriture, s'estend seulement au temps de la passion du Seigneur, auquel le scandale de la croix deuoit enyurer tous les disciples du Seigneur, & sur tout S. Pierre, qui par 3. fois nia son maistre. Ce qui se iustifie par les paroles mesmes de Iesus-Christ, Math. 26. Vous tous serez scandalisez en moy ceste nuict: Ie frapperay le Pasteur, & les brebis du troupeau seront esparses: Or Pierre respondant, luy dict: Quand tous seroyent scandalisez en toy, ie ne seray iamais scandalisé: Iesus luy dict, Ie te dy en verité, qu'en ceste nuict, deuāt que le coq chan-

re tu me renieras trois fois. D'auantage en S. Luc 22. il dict Simon voicy Satan cherche de vous cribler comme le blé. Or i'ay prié pour toy que ta foy ne defaille point : & toy quand tu seras conuerty conferme tes freres : Ou il faut bien peser que Iesus-Christ ne dict pas à S. Pierre : I'ay prié pour toy que tu ne faille iamais, ou que tu me puisse faillir, mais seulement i'ay prié pour toy que ta foy ne defaille point. Car aussi S. Pierre a failly, mais sa foy n'a iamais defailly quant à l'habitude, mais bien actuellement, car il a nié le Seigneur de bouche, & non de cœur. Touchant le second, qui examinera diligemment ce qui precede & suit ce texte, il verra de premier abord que S. Pierre apres s'estre releué de ceste cheute d'vne triple negation, comme d'vne profonde fosse fut plus propre & hardy à encourager ses compagnons chancelans, & à rassembler en l'Eglise les freres qui estoient espars, à ce qu'ils attendissent la resurrection du Seigneur. Et pourtant cest argument est captieux, d'vn dire conditionnel à vn dire simple, pource que ce priuilege a esté accordé à Pierre seul, à cause du scandale eminent de la croix. Certes si le Pape seul ne peut errer

& non

& non toute l'Eglise assemblee : il s'ensuit que S. Paul a griefuement failly Gal. 2. quand il monstre S. Pierre auoir esté reprehensible pour ne cheminer selon la verité de l'Euangile : & faut noter ces mots: d'ailleurs ceste reprehension equipole à vn appel au Cõcile, comme le remarque le Chancelier de Paris, en voicy la raison: si S. Pierre lors n'eust acquiesce à la reprehension de S. Paul ; il n'y a point de doute que l'Eglise assemblee en Concile, eust cognu & terminé le differend suruenu entr'eux, comme elle auoit peu auparauant decidé la controuerse touchant l'obseruation des ceremonies legales. Act. 15. I'adiousteray cecy en leur faueur, que S. Pierre a peu fortifier en la foy les personnes priuees, ou les Eglises dispersees, par l'interpretation des Escritures sainctes ou des canõs. En ce sens S. Hierosme demande au Pape Damasus l'interpretation du symbole de Nice, touchant ce mot d'hypostase. Ie requiers comme brebis, secours de mon Pasteur, cognoissez, s'il vous plaist, Ie ne craindray de dire trois hypostases si vous l'ordonnez. Il y a mesme raison en Theodoret, & es autres qui ont eu recours au S. siege Apostolique.

Hier. epist. ad Damas. cap.

8 Le cinquiesme principe monstre que

la frequente assemblee des synodes est necessaire absoluëment & simplement pour mieux & plus sainctement gouuerner l'Eglise: Pource que, comme enseigne Aristote en ses Polytiques, le gouuernement legal est plus tolerable qu'vn Empire absolu, la loy estant comme Dieu, est exempte d'amour & de haine, & de toute autre passion. Pourtant es actes des Cõciles se voyent souuent ces façons de parler. Faire par dessus le Canon, sans le Canon, contre les Canons, ou selon les Canons, qui monstrent que l'Eglise doit estre gouuernee par reigle. Et anciennement rien n'estoit arresté que par le Concile, ou moderation Aristocratique. Et nous lisons que les Euesques des Gaules escriuirent au Pape Nicolas, que les bulles des Pontifes Romains n'estoient obligatoires, sinon entant que conformes à la discipline canonique, & aux Conciles auparauant receus & aprouuez. Faut voir la dessus Flodoard que le pere Sirmond de la societé de Iesus à depuis peu rendu public. Attendu que le Pontife Romain qui est chef ministeriel, ne peut obliger l'Eglise vniuerselle sans son sceu, sans son aduis, contre son gré & volonté. Les loix n'ont force que par l'emologation, & se

Can. si Romanor. dist. 9. can. Omnia 25. q. 1.

Lib. 3. cap. 21. pag. 251.

[illegible] par l'approbation de ceux
qui s'en seruent, tesmoin S. Augustin. Et *Dist. 4. can. in Istis.*
en cela consiste principalement la liberté
de l'Eglise Catholique, où le gouuernement Aristocratique : Et c'est le plus prompt & plus doux remede pour empescher & remedier aux schismes. Hincmarus Archeuesque de Reims, homme tres-docte, fondé sur ce principe, respõd à Hincmarus son neueu, que les Epistres decretales des Pontifes, mises en lumiere auparauant le synode de Nice estoient
de peu d'estime, pource qu'elles n'estoi- *Lib. 3. cap. 22. fol. 243.*
ent conformes aux sacrez Canons. Faut voir sur ce subiect le mesme Flodoard. Par là nous pouuons voir quel est le droit dont nos anciens Gaulois ont vsé.

9. Le sixiesme definit la plenitude de l'authorité Pontificale, premierement enuers les Eglises particulieres dispersees par le monde, mais nullement sur l'Eglise vniuerselle assemblee en Concile : en second lieu, pour l'execution, interpretation, & dispensation : mais nullement pour l'institution des Canons, sinon qu'il preside en personne, ou par ses Legats au Concile & collige les voix & le consentement de tous les Peres : & en ce cas seulement le Pape peut dispenser des decrets

des synodes, tout ainsi que le Concile, suiuant la sentence du Pape Zozime dont est faict mention cy dessus, & de Leon 1, La dispensation nous a esté commise, & sera à nostre condemnation si de nostre consentement, ou par nostre negligence les regles des decrets des Peres sont violees. De Sainct Bernard. Quoy dis-tu, me defends tu la dispensation? non, mais la dissipation, ie ne suis si nouueau que i'ignore que vous estes establis dispensateurs mais à edification, non à destruction : finalement és dispensateurs la fidelité est requise; où la necessité presse, la dispensation est excusable; où la necessité prouoque, la dispensation est louable, ie dy l'vtilité commune non particuliere: en ces deux articles cy dessus deduits consiste principalement l'estat monarchique de l'Elise, ou la plenitude de jurisdiction Papale, non en la puissance absoluë, laquelle plusieurs nouueaux Docteurs s'eforcent d'introduire en l'Eglise, contre tout droit diuin & naturel. Certes par l'espace de plus de huict cens ans, c. deuant que l'Empire fust transferé aux François, les Pontifes Romains se disoient seulement defenseurs & executeurs des Canons; depuis par laps de

Can. priuilegia. 2.

3. *Ad Eugenium cap. 10.*

temps lors que presque toute la Chrestienté a esté comme assoupie & enueloppee en espaisses tenebres d'ignorance, ils se sont attribué l'autorité absoluë d'ordonner de tout : principalement depuis le temps de Gregoire 7. duquel ceux qui sont curieux de l'histoire pourront voir la vie descrite par Onuphrius : Et obserueront en outre que le Pape a droit regulierement, & selon l'ordre d'assembler les Synodes generaux, entant qu'il a puissance sur les Eglises particulieres, dispersees par tout le monde.

Le sommaire de toute ceste dispute en reuient là. Que l'vnité & l'ordre de l'Eglise, auec l'execution efficacieuse des canons procede de l'estat Monarchique : Et du gouuernement Aristocratique, le tres-sainct Concile, l'infallible prouidence & decision, par laquelle la Rep. Chrest. est gouuernee à perpetuelle edification, & non à destruction.

10 Le septiesme enseigne que l'Eglise prise, pour l'assemblee des fideles, ou pour la Republique Chrestienne, se contente d'vn vnique & seul chef & fondement essentiel Iesus-Christ, le Seigneur. Neant-moins eu esgard à l'exercice & execution du gouuernement, elle est gouuer-

Can. duo sunt dist. 96. & can. principes, 23. quest. 5.

nee differemment par deux, le Pontife Romain, & le Prince [illegible] conformement au commandement de nostre Seigneur. Math. 22. Rendez à Cesar ce qui est à Cesar, & à Dieu ce qui est à Dieu: & le Seigneur par ce mutuel lien d'obligation & bien-veillance a voulu estreindre l'Eglise auec la police seculiere, afin que les Princes & les Ecclesiastiques n'eussent rien à desmesler: & ceux qui ignorent, dissimulent ou confondent ceste distinction salutaire, s'aheurtent contre de tres-pernicieux escueils, & rendent les Ecclesiastiques suspects aux Princes politiques, comme s'ils estoient desireux de nouueauté.

11 Il est à propos de traiter plus amplement ce poinct. La loy Euangelique ayant pour but la vie eternelle, l'ame humaine pour matiere, & propre subiect: doit estre toute dediee à la direction des mouuemens internes de la conscience, non à retenir & empescher la force & violence externe, & pourtant elle iuge des moyens necessaires à la beatitude, conformement aux causes essentielles spirituelles de la Religion Chrestienne, & par suasion seulement, & direction par la predication de la parole de Dieu, dispen-

[illegible] des Sacremens, & si le cas y eschet, par exclusion de la communion de l'Eglise, par le moyen des Censures, &c. par les armes spirituelles de l'Eglise: dont anciennement on ne pouuoit vser sans le conseil & moderation Aristocratique du presbytere, dont nous auons traicté cy-dessus, comme le requiert la nature du gouuernement Aristocratique. Et depuis le temps qu'on s'en est abstenu s'est ensuiuy vn grand trouble & confusion en la discipline Eccles. comme tous les doctes le sçauent. Et ceste doctrine se prouue partie par la definition de l'Eglise que nous auons mise cy-dessus, partie par plusieurs tres-euidens, & tres-clairs passages de l'Escriture saincte. Nostre Seigneur ne respond-il pas asseurement à Pilate, que son regne n'est point de ce mõde? Sainct Iean 18. Et en S. Luc 9. Que les Renards ont leurs trous, & les oyseaux du ciel leurs nids, mais que le fils de l'homme n'a pas où reposer son chef: voulant signifier par là que l'Eglise n'a de droict diuin, aucun territoire ny droict de punir par glaiue, ou d'emprisonner, ou d'autre peine corporelle: car l'ame qui est le propre subiect de la loy Euangelique a son mouuement d'vn principe interne seulement,

& non externe : Or le droict de glaiue materiel suit necessairement, comme l'effect la cause, le territoire: C'est pourquoy le Seigneur respondit à celuy qui le prioit de dire à son frere qu'il diuisast entre eux l'heritage. O homme qui m'a constitué Iuge ou partageur entre vous? Luc. 12. Comme s'il eust dict, que l'Eglise qui a pour subiect les ames des hommes, non les Empires terriens, ne doit nullement s'entremettre de iuger des heritages & possessions terriennes: Car bien que nous cheminions en la chair, nous ne combatons selon la chair, car les armes de nostre guerre ne sont point charnelles, mais puissance de Dieu, à la destruction des forteresses, destruisant les conseils & toute hautesse qui s'esleue contre la cognoissance de Dieu, & amenant prisonniers toute pensee à l'obeissance de Iesus-Chr. 2. Cor. 10. Où il conuient obseruer que les corps materiels peuuent estre contraincts & occis par glaiue, mais l'intellect ne peut-estre en façon quelconque captiué à l'obeissance de Iesus-Christ, sinon par le seul apast de la doctrine & des Sacremens. Aquoy on peut adiouster ce que dict l'Apostre au 3. des Philippiens, que nostre conuersation est és cieux, c.

tout

tout le gouuernement Chrestien ; d'où nous attendons nostre Seigneur & Sauueur Iesus-Christ, Et il a ainsi pleu au Seigneur, de peur que l'Eglise ne se meslast d'affaires seculieres, & ciuilles. Aussi fait à propos le dire de sainct Bernard, Ils ne me monstreront, comme i'estime, qu'aucun des Apostres ait tenu le siege pour iuger les hommes, où pour diuiser les bornes, ou pour distribuer les terres. Ie li bien que les Apostres se sont presentez pour estre iugez, mais non qu'ils se soient assis pour iuger. &c. Donques vostre puissance gist és œuures non és possessions, pource que vous auez receu les clefs du Royaume des cieux pour iceux, nõ pour icelles, pour exclurre les preuaricateurs, non les possesseurs. Qu'elle dignité & puissance vous semble plus grande, ou de remettre les pechez, où de diuiser les châps? Il n'y a aucune comparaison. Ces choses basses & terriennes ont leurs iuges les Rois & Princes de la terre. Pourquoy voulez vous empieter sur les bornes d'autruy? *lib. 3. de consid. cap. 5.*

Contre ces diuins oracles, plus clairs que le iour, on en oppose principalement deux : l'vn, qu'Ananias & Saphira furent punis de mort par S. Pierre pour auoir menti au S. Esprit. Act. 5. l'autre, que l'Apostre en la premiere aux Cor. 6. enseigne que les Chre. tant qu'ils ont esté subiects aux Princes & Magistrats Payens, se pouuoient choisir des Iuges entr'eux és causes ciuiles. A quoy il est aisé de respondre : au premier. C'est vn acte admirable faict par S. Pierre, miraculeux, & extraordinaire, & par inspiration du S. Esprit: & pourtant ne doit estre tiré à cōsequence pour vn droict ordinaire, non plus que ce qui est au 1. de Ieremie: voici, ie t'ay auiourd'huy constitué sur les gens & sur les Royaumes, afin que tu arraches & destruises, perdes & subuertisses, &c. & du 22. de S. Luc où il est parlé de deux glaiues. Attendu que cela est dit pour Allegorie, & se doit entendre spirituellement: & il n'y a celuy qui ne sçache que l'on ne peut tirer vn argument valable d'vn sens allegorique & mystique. Que ceste autorité de S. Bernard n'arreste personne, quand il dit. Remets ton glaiue en la gaine. Il est donc tien, & peut estre tiré par ton commandement, encores que non en ta main. L'vn & l'autre glaiue donc est à l'Eglise, sçauoir le spirituel, & le materiel : mais cestuy-cy doit estre tiré pour l'Eglise, & l'autre par l'Eglise. L'vn par la main du prestre, l'autre par la main du soldat, mais certes par le conseil du Prestre, & par le commandemét du Prince. Car ces paroles bien entendues ne signifient autre chose sinon que l'Eglise a droict de conseiller, & d'enseigner & persuader, quand le Prince politique doit vser du glaiue à la gloire de Dieu, de cela nous en parlerons cy apres. Certes lors que les Ecclesiastiques estoient recommandez pour leur saincte vie, les Princes Chrestiens, pour oster tout soupçon d'iniustice en toutes leurs entreprises & conseils, ils se seruoient du conseil des Ecclesiastiques soit en guerre soit en paix : mais depuis que les Ecclesiasti. ont esté soubçónez d'affecter vne Monarchie téporelle (delaquelle ont escrit amplemét, Eugubinus, Bozzius, Carrerius, & les Cardinaux Bellarmin & Baronius) ils ont bié faict de s'en passer. Et quand bien l'opinion de ces auteurs là seroit vraye, la raison & prudence leur deuoit apprendre qu'en ce temps tres-malheureux ils eussent faict sagement de ne mettre en lumiere tels liures. Quant au second, l'ignorance de l'Elenche trompe. Car encores que pour les excellés tesmoignages que nous auons produits cy dessus il apparoisse clairemét que l'Eglise de droit diuin, n'a aucũ territoire, n'y Iurisdiction contentieuse ou droict de glaiue, toutesfois ils ne luy en defendent l'vsage du droict humain par la concession des Princes. Or le lieu allegué de l'Apostre parle du droict humain & arbitraire, non du droict diuin, comme quand les arbitres choisis d'vn commun accord par ceux qui ont quelque different entr'eux, le iugent & terminent amiablement sans en empescher vn Palais. Ce que pourront aisement iuger tous ceux qui voudront lire le passage sans estre preoccupez d'aucune passion.

22 Venons maintenant à la puissance ciuile : Certes lors que le Prince politique est faict Seigneur d'vne Republique & d'vn territoire : il est establi defenseur & protecteur de la loy diuine, naturelle & Canonique : & pour ceste cause porte-il le glaiue Rom. 13. Luy seul a le pouuoir de contraindre & corriger par peines corporelles. Et pourtant il peut pour le bien de l'Eglise, & pour l'execution des Canons Ecclesiastiques faire Loix, Edicts, & Ordonnances, & les inserer au corps de celles qu'il faict pour maintenir son Estat. Comme ont faict Constantin, Theodose, Iustin. Charlem. S. Louys, Charles 7. François 1. & autres Princes François.

Et à ce propos dit tresbien S. Augustin, Que les Roys de la terre doiuent seruir à I. Christ, mesmes en faisant des loix pour I. Christ suiuant l'oracle de Dauid, maintenant vous Roys entendez, & vous gouuerneurs de la terre prenez instruction, seruez au Seigneur en crainte. Eusebe raconte que le bon Prince a de coustume d'ainsi parler à ses subiects. Ie suis constitué Euesque pour le dehors de l'Eglise, & vous pour le dedans. Comme s'il disoit que les Princes Chrestiens d'office doiuent s'employer à ce que par leurs Edicts & Ordonnances les droicts diuins, naturels & Canoniques soient mis à execution, & si la chose le requiert (gardant le temperament de la parabole des zizanies Mat. 13. c. la paix publique sauue) vser du glaiue. Ce que bien consideré, il est aisé à iuger en quel sens Optatus Mileuitanus a soustenu, Que l'Eglise estoit en la Republique, c. comme en vn fonds, territoire & domaine estranger. Et si à tort ou à droict iadis les Princes Chrestiens ont assemblé les Cōciles generaux de Nice, de Constantinople, d'Ephese, Chalcedoine & autres : Car cela depend de l'execution de la loy diuine, naturelle & Canonique.

Epist. 40. ad Vincentium.

lib. 4. cap. 23.

13 Icy nous adiousterons pour fin que par ces huict fondements cy dessus posez, les libertez naturelles de l'Eglise Catholique, c. le droit commun institué de Dieu & de la nature est si clairement soustenu, que nul ne peut aller à l'encontre sans endommager par mesme moyen la loy diuine, naturelle & Canonique. Or toutes les fois que cela est arriué, la France a eu iuste subiect d'en appeller comme d'abus: desquelles appellations la France & Magistrat politique comme protecteur de l'Eglise, & defenseur des Canons a eu droit cognoistre souuerainement: car il iuge du seul abus qui depend de l'execution des Canons. Ceste façon de proceder des François est l'origine des libertez de l'Eglise Gallicane (qu'ils appellent communement) Nous aprenons que les Espagnols & autres nations Chrestiennes, quand il vient quelque chose de la court de Rome contraire à leurs statuts, ont accoustumé d'interuenir pour empescher qu'il ne soit mis à execution; Ce qui s'accorde en effect à la practique Françoise, differends seulement en la forme de proceder.

Confutation de l'opinion contraire.

14 Ceux qui soustiennent l'opinion

[illegible] la puissance absoluë, premierement ils confondent l'estat de l'Eglise auec le gouuernement. Et pource que I. Christ a donné S. Pierre pour Pasteur & son Vicaire en l'Eglise, luy estant Roy & Monarque absolu en icelle, ils inferent de là qu'à S. Pierre Vicaire de Iesus Christ appartient absoluëment & purement le gouuernement Monarchique : Et par consequent que le Romain pontife, a non seulemẽt toute la Iurisdiction Ecclesiastique, mais aussi, autorité sur le temporel, au moins indirectement, & pour l'ordre est subiect au spirituel, comme l'enseigne l'Illustrissime Cardinal Bellarmin.

En second lieu, ils maintiennent qu'il n'est nullemẽt necessaire d'assembler Cõciles pour mieux & plus sainctement gouuerner l'eglise, le Seigneur ayant conferé à S. Pierre seul l'autorité infallible, auec la puissance de confirmer ses freres.

En troisiesme lieu, si d'auenture il s'assemble quelque fois quelque Concile : l'Eglise assemblee en Synode n'a droit aucun de decreter quelque chose en l'absencé, où sans le consentement du pontife Romain.

En Quatriesme lieu. Que le Souuerain Pontife peut de son autorité priuee casser tous les decrets concernans la [illegible] ecclesiastique, des Conciles vniuersels, & en faire de nouueaux.

En cinquiesme lieu. Que le Pape n'a seulement autorité sur les Eglises particulieres disperses par tout le monde; mais aussi sur le Concile vniuersel, auquel il n'est en rien subiect.

Quiconque aura bien entendu les principes que nous auons posez cy dessus, pourra aisement renuerser ces foibles fondements, qui tendent tous là, d'attribuer à S. P. chef ministeriel la puissance qui appartient à vn seul Iesus-Christ Seigneur & fondateur de l'Eglise: par arguments sophistiques d'vn dire simple à vn dire conditionnel. Qui est celuy qui peut nier qu'il n'y ait grande difference entre le Seigneur & l'œconome, & entre la condition de Iesus-Christ & de S. Pierre. Car l'Eglise est par & pour Iesus-Christ. Et S. Pierre est par & pour l'Eglise, comme l'œil subsiste par & pour l'homme.

La solution du second argument est donnee en la section septiesme.

Le trois, quatre & cinquiesme sont de nulle valleur, attendu qu'ils sont captieux d'vn dire simple à vn dire conditionnel.

Comme

Comme si S. Pierre auoit pareille autorité auec Iesus-Christ sur l'Eglise. Mais si l'on veut dire la verité on me confessera que tous hommes naturellement desirent estre libres & bien-heureux ; or qui est celuy qui naturellement peut estre bien-heureux sans liberté ? que si l'infallibilité de decreter consiste en vn seul Pontife, nul ne pourra opiner librement és assemblees Ecclesiastiques, contre l'ordonnance du Seigneur Math. 18. de ce voyez la section 6. & si ceste opinion est vraye il s'ensuit que Iesus Christ a souffert iusques à toute extremité pour assuiettir l'Eglise son espouse, c. tous les Chrestiens à l'empire souuerain du Pontife Romain : ce qui repugne entierement au droit diuin & naturel.

15 Mais nous esplucherons trois points des arguments contraires qui semblent auoir quelque poids. Le premier, que S. Pierre a esté constitué par Iesus-Christ Pasteur vniuersel de l'Eglise, S. Iean. 21. Pais mes brebis. Par ceste voix diuine, ny les Apostres, ny le Concile general ne sont point exclus : car ils sont tous brebis de Iesus-Christ : & pourtant doiuent estre conduites par S. Pierre Vicaire de Iesus-Christ. A celà on respond que Iesus-Christ par ces mots n'a donné à S.

Pierre autre puissance que ministeriale, comme nous l'auōs mōstré és Sections, 4.3. & 9. Or l'office du ministre & dispensateur est de mettre à execution les commandemens de la loy diuine, naturelle & canonique, mais suiuant les regles du temperament Aristocratique institué de Dieu; & ainsi S. Pierre est estimé Pasteur, eu esgard à l'execution des Canōs, & à la predication de la parole de Dieu, & autres choses semblables qui se peuuent mieux faire par vn que par l'Eglise assemblee au Concile. Le second est, que l'Eglise assemblee au Cōcile ne faict qu'vne seule famille, vn seul bercail, vn seul regne & corps visible de Iesus-Christ: & pource aussi n'a necessairement qu'vn seul chef visible le Pontife Romain: Autrement seroit vn monstre estrange, si vn seul & mesme corps auoit deux chefs souuerains, le Pape & le Concile general. La responce est, que l'Eglise est vne police Monarchique temperee par vn gouuernement Aristocratique. Or il s'ensuit necessairement, que le Concile touchant la direction du gouuernement, la correction & puissance de faire canons à la souueraine autorité: Et S. Pierre l'execution, & exercice, en l'vsage des clefs enuers les Eglises particulieres. De ce voyez les Sections 4. 5. 6. & 9.

16. Au troisiesme, ils insistent qu'au chap. 20. du Concile de Rome sous le Pape Syluestre, il fut ordonné par deux cents quatre-vingts Euesques, que nul ne iugeroit le premier siege, qui appetoit l'intendance sur la Iustice. Et que le Iuge ne seroit iugé, ny par l'Empereur ny par le Clergé, ny par les Rois, ny par le peuple; Lequel Canon n'est oublié par Gratian; mais pour en dire ce que i'en pense, qui regardera de pres ce Canon, verra de prime face qu'il leur nuit plus qu'il ne leur fauorise; la raison, pource que l'opinion de l'Eschole de paris, fondee sur les decrets du Synode de Cõstãce, enseigne que le Pape peut estre iugé par le Cõcile quand notoirement il scãdalise l'Eglise, & est incorrigible; mais s'il est desireux de bien rendre la Iustice, il ne doit estre iugé de personne; veu que la loy n'est faicte pour le Iuste: car il est tousiours loy à soy-mesme. Et encores que ce Canon decretast absoluement; toutesfois il ne derogeroit en rien à la foy des decrets du Concile de Constance, pource qu'il est faict en vn Synode particulier, qui ne doit iuger du Pasteur de l'Eglise vniuerselle, sinon que d'aduenture il se submette à son iugement, comme l'a jadis ordonné le Pape

9. quæst. 3. Cor. Nemo.

Sixte 3. Et pourtant ces mots (ny de tout
2. quest. 4. Can. Mandastis. le Clergé) se doiuent entendre distributiuement de quelque Eglise, ou Clergé particulier, non collectiuement du Concile general, tel qu'est celuy de Constance ou de Basle. Finalement, qui sera versé en la lecture des Conciles, remarquera incontinent, beaucoup de choses impropres en ce Canon, qui le rendront suspect d'vne manifeste supposition : Car en ces temps-là les Peres de l'Eglise ne parloyent pas si hault, & les persecutions ne leur permettoyent de penser à vne puissance absolue. Et à quel propos faict-il mention des Rois, veu que lors il n'y auoit point de Rois, mais seulement des
Lib. 2. cap. 20. de concord. Cath. Empereurs Romains? Et pour preuue le Lecteur verra le Cardinal Cusan.

Touchant les autres autoritez que l'on met en auant des escrits des Pontifes Romains, & qui se lisent en la 9. question 3. on ne s'en doit pas beaucoup soucier: pource que Iean Gerson, & autres Docteurs Parisiens y respondent en vn mot: Que nul n'est croyable en sa cause, sinon qu'il parle conformement à la loy diuine, naturelle & canonique : Or qu'vn chef ministeriel aye l'Empire absolu sur l'Eglise, repugne à la loy diuine & naturelle.

17 La cause finale de l'Eglise, qui est la

vie eternelle, par vn bon gouuernement demonstre ouuertement que le Pape est par & pour l'Eglise, non au contraire que l'Eglise subsiste par & pour le Pape : Et pourtant entant que touche le gouuernement Ecclesiastique, Cephas, c. S. Pierre est subiect à l'Eglise, comme l'œil à l'homme. S. Paul au 3. de la 1. aux Cor. Que nul ne se glorifie ès choses : car toutes choses sont vostres. c. à l'Eglise soit S. Paul, soit Apollos, soit Cephas, & au 13. de la 2. Toute puissance est donée à edification, non à destruction. D'où il s'ensuit, que l'Eglise de droit diuin & naturel, peut pouruoir & empescher que le Pape ne gouuerne à son detriment, comme il fut arresté au Concile de Constance. Session 4. & 5.

18 Mais touchāt ce qu'ils publient que l'Eglise a vne autorité indirecte sur les choses temporelles, cela est vray, par le moyen de la doctrine, persuasion, direction, & exclusion de la communion Ecclesiastique, mais faux, s'ils entendent par contrainte, ou deposition des Rois & Princes, comme nous l'auons monstré cy dessus ès sections 11. & 12. Attendu que l'Eglise n'a ni territoire, ni l'vsage du glaiue materiel. Ceux donc qui soustiennent que les Rois & Princes Chrestiens

peuuent estre chassez de l'Eglise de droit, sont comme qui diroit qu'vn regent pource qu'il a l'intendance sur la discipline scholastique peut priuer ses escholiers des biens paternels, si d'aduenture ils s'endurcissent contre la discipline, qui est vne falace d'vn dire simple à vn conditionel: car les choses qui sont vrayes en vn sens propre & peculier ne se peuuent aucunement estendre à vn sens absolu & vniuersel, sinon par les Sophistes & Charlatants: Que s'ils insistent, que l'Eglise à la superintendãce & maistrise, celà se doit entendre selon ses fins & bornes qui luy sont prescrites, & à vne chacune chose naturellement: car les causes essentielles de l'Eglise ne peuuent permettre que les Ecclesiastiques se meslent des affaires seculieres, & ciuilles, pourtant toute la suffisance de la police Ecclesiastique se doit raporter à l'obseruation des commandemens de Dieu, non à l'vsage du glaiue, ou à la Monarchie temporelle: C'est ce que enseigne nostre Seigneur, Math. 28. Enseignez toutes gens de garder toutes les choses que ie vous ay commandees; voicy ie suis tousiours auec vous iusques à la consommation du siecle.

Les arguments qui fauorisent ceste opinion se reduisent à trois, dont le pre-

[illegible] contient les exemples qu'alleguent du [illegible] Sanderus, Bellarmin, Coqueus, & autres, mais par ignorãce de l'argument contradictoire: Car qui ne sçait qu'il y a grande difference entre la Synagogue & l'Eglise, la loy de Moyse & l'Euangile? car celle-là a eu territoire assigné de Dieu, & par consequent droit de souueraineté; ce que nul de sain jugement n'affermera de l'Eglise. En apres, la loy Euangelique comparee à la loy de Moyse, voire à toute autre police se trouuera estre vne loy Royale, pleine de douceur & de tres-parfaite liberté. Au contraire la loy Mosaique d'vne dure seruitude, Act. 15. & Gal. 4.

Le second nous fournit les autoritez prises du droit Canon, dont faict bouclier le Cardinal Bellarmin, principalement du chap. g. du Synode de Latran, par lequel est decreté que les Rois & Princes qui n'auront exterminé les heretiques de leur domaine, doiuent estre excommuniez: A quoy on respond: Que ce decret & semblables n'ont point plus de pouuoir sur les Princes Politiques que l'extrauagante de Boniface viij. où la constitution de Paul iiij. qui se lit au stile des Inquisiteurs: attendu qu'ils ont esté decretez du propre & particulier mou-

Vnam sanctam. Cũ ex apost. officio.

uement du Pontife Romain, & non synodicalement, c. par le consentement de toute l'Eglise: & pourtant ne sont point obligatoires: car l'Eglise est regie par canon, & non par puissance absoluë. Section. 5. & 8.

Au troisiesme on nie absoluement que l'abdication de Childeric Roy des François, ou la translation de l'Empire aux Francois, se soit faicte par la seule authorité des Pontifes Romains, sans le consentement, authorité & requisition du peuple: & quand ainsi seroit, elle ne seruiroit de rien à decider la presente quest, veu qu'elle termine vn poinct de faict & non de droict: cõme les exemples de l'excommunication d'Henry iiij. Frideric ij. & autres Rois & Empereurs. Il faut donc vuider le point de droit & non de fait: car nostre Seigneur Iesus-Christ a voulu que son Eglise fut gouuernee par coustumes & regles, & non par exemples.

La solution des autres arguments pris, ou de la saincte Escriture, ou d'ailleurs se pourra voir au traicté tres-docte de Maistre Iean de Paris, De la puissance Royale & Papale.

Ces raisons sont submises au Iugement de l'Eglise.

www.ingramcontent.com/pod-product-compliance
Ingram Content Group UK Ltd.
Pitfield, Milton Keynes, MK11 3LW, UK
UKHW020444230726
13925UKWH00004B/1802

9 782013 718295